LA CASA

Gabriel Reig nació en Buenos Aires, Argentina en el año 1955. Comenzó a escribir desde muy joven y participó en diversos talleres literarios porteños. En 1977, por razones de público conocimiento, se vio obligado a emigrar a Venezuela, donde vivió hasta el año 2006. Durante ese período participó activamente en grupos literarios, entre los que se destaca el taller Calicanto, dirigido en ese tiempo, por la escritora venezolana Antonia Palacios. Publicó en diversas revistas caraqueñas. Ganó la beca de narrativa (cuentos) del CONAC (Consejo Nacional de la Cultura), con la respectiva publicación de sus trabajos en la antología de los becarios. La editorial El Ojo de la Cultura publicó su libro *Muros*, en el año 2017. Actualmente reside en Buenos Aires.

Gabriel Reig

La casa

POESÍA

Ediciones Equidistancias
Buenos Aires - Londres

Reig, Gabriel
La casa / Gabriel Reig. - 1a ed. - Ciudad Autónoma de Buenos Aires : Equidistancias, 2023.
102 p. ; 20 x 13 cm.

ISBN 978-987-48663-8-7

1. Poesía. 2. Poesía Argentina. I. Título.
CDD A861

Foto de portada: *Enrique Zattara*

E. Ravignani 1156 (1414)
Ciudad Autónoma de Buenos Aires

ISBN: 978-987-48663-8-7

Hecho el depósito que marca la ley 11.723

He perdido la quietud

Hay tanta bruma

cada voz es un esfuerzo
de la piel
            y bulle
golpea la puerta del pecho
hasta que cruje
saltan los clavos
y cae la madera
                        y el estruendo

no puedo calmarme
detenerme
he perdido la quietud.

Tenía una tierra

un punto de salida
un lugar al que aferrarme

tenía una tierra con sus nombres
                                        los amigos
las esquinas enlazadas con las mías
cada curva al acecho de la lluvia
con la luz cayendo
estábamos nosotros
los rostros infantiles
las brujas que saltaban la noche
y los espíritus de los muertos antiguos
los enamorados
                        los aparecidos
todos en la danza del crepúsculo
los ojos que bailaban con las sombras
los domingos

tenía una tierra de calor
un lugar al borde del mundo
estaba embriagado en pertenencias
dueño de un árbol propio
propios los nidos de los pájaros
los libros mágicos grabados en las hojas

¿Qué habrá sido de esas brujas,
de esos amores muertos,
de esa murga de sombras,
de esas luces de esquina?

¿qué habrá sido de mí,
                                        niño?

¿Qué habrá quedado de las piedras?
¿se habrán arbolado mis amigos,
habrán crecido en ramas, habrán muerto?

Tenía una tierra de salida,
ahora
        una tormenta aferrada.

La Infancia es una gracia que me fue desprendida
Yolanda Pantin

Tengo memoria

la infancia era un zanjón y un puñado de
tierra
un cauce seco cuya única agua
eran los ojos

de tiempo a este lado
voy recordando lluvias
el dibujo exacto de los pisos
las manchas del juego en las paredes
mientras las noches se contaban de a una,
solas
        en mi cara

sólo los fantasmas
la móvil mancha en los cristales del cuarto
sólo las apariciones donde no había nombres
malignas esas sombras sobre el aire
en el pequeño latido de mi boca
corría de cuarto en cuarto
el eco de mi cuerpo me decía
                                        [que ya había llegado
era un cuarto visto
                        sin nadie que apretar
                                                        sin esa
mano

armaba palabras sobre el piso

tenía una voz sobre el piso de la casa
ordenaba las letras con el frío en el pómulo
y esperaba vigilando la quietud
paraba vientos
                                        los torrentes,
                                                        los guijarros que
rodaban
acorazaba esa voz en el suelo
hasta los ojos cerrados

después vencía la noche
el viento liberaba
                                        fuerzas
llevándome a las sábanas
a la débil luz que ofrecía la ventana.

No podía también
                                        llorar.

Veo encorvarse a los árboles

caer las hojas en tumulto
nervioso
el golpe del otoño sobre el aire

tan tibio todo en esta tierra que me cubre
en el cobijo inmóvil de los ruidos

ante la tempestad corro en círculos

al ver las puertas abiertas con violencia
corro a los árboles
me abrazo
me protejo entre cortezas
de lo que pueda sucederme

Sigo al miedo con el cuerpo
con un asombro nuevo
con una respiración de fuelle
yendo y viniendo el aire por mi boca
como un latido en la frente que punza
en la tarde

y con el árbol se encorvan las paredes
dobla el polvo esa alquimia de durezas
y si bien no caen
rozan los ladrillos la memoria
como ramas

tiemblo
ante posibles naufragios

Escribo para callarme

en medio de la noche
gritan formas
voces como piedras que abrazan la cara
como tierra

Quiero silencio
para calmarme
para no repetir el golpe
                                                        la memoria.

escribo para callarme
a la sombra de los nombres
para ensordecerme
sin encontrar ya nunca
                                                el fiel de la balanza

La ventana

Todo se ve en la ventana

en el vidrio se imprimen las pisadas
grabados los rostros
                                        sus furias
                                                    los mareos
el cristal aferra gritos
                                        los demonios
se ven a las muchachas devorarse los besos
en el hechizo de ir colmando la memoria

está la mujer que pide
sentada con el hijo en el regazo

(tan liviano el niño y pesa tanto)

están los que no miran nada y pasan
una y otra vez ante mis ojos
desde años
                        iguales
fieles a las huellas frente al vidrio

Por los mismos vidrios
                                        indeciso
de seguir o saludar
sin encomendarme a nada
                                        sólo a los ojos
hago silencio débil
no tengo mucho que decir
supongo
sólo heredo huellas de otros
y las sitúo frente a mí,

a pasar
a darme una vaga idea del tiempo
mientras la noche se acerca
y cierro la ventana y el sueño.

Dónde podré ir y aquietarme

dejar de caminar por los pasillos
de mi casa todo el día

dónde podré dormir sin intemperie
dónde podré calmarme
cerrar los ojos abiertos para siempre

Alrededor
todos los recuerdos vivos
-como si todos viviesen-
como si caminaran detrás en los pasillos
de la casa
                    esperando

Martín pescador
mis muertos
                    mis infancias
                                        mis amigos

todos riendo en este puño
que aprieta el corazón

me dejarás pasar tristeza
me dejarás dormir esta noche
                                        tal vez
en calma.

Viene mi sombra

y trae los regalos de viaje
los espejos oscuros sobre las hojas:
las alas de los pájaros
trae los recuerdos de sus pasos nocturnos
hasta el borde de mi cama

"Todo era domingo y silencio,
en esos territorios
nada acompañaba,
no había formas que arrastrar,
silbos que escuchar ni besos"

Sólo dejó una leve línea negra
entre la sábana y mi cuerpo

el resto emprendió un viaje volando
a un terreno vecino

ahora viene y me aferra
a contarme sus cuentos de viaje

"Todo era domingo y silencio
sobre los techos de la ciudad dormida
las bocas calladas
                el sexo tibio"

me levanto y ella conmigo

yo me despierto y ella duerme
cansada de los viajes del sueño
recostada a mis pies cuando camino

Tal vez le cuente yo mis viajes
cuando la sombra despierte:
el ruido de la calle
                                        los ladridos
el camino diario a los trabajos
las caras diarias
                                      los amigos

tal vez le cuente yo de los besos que dejo
de las caras ausentes
de la casa

Tal vez me escuche
la sombra que huye de mí
sin mis costados.

No habrá sosiego

asumo
nunca
no habrá más que estos ruidos en la noche
diciéndome:
no duermo

sólo este vacío
esta zona vacante
el silencio más de las mañanas
en la boca:

nada que decir
nada que besar
la calma

(van cayendo estos pájaros dormidos
al son del alba que los lleva
atados de alas al vacío
al silencio de la voz:
la calma sin palabras)

No habrá tristeza que rezar
ni ritos
sólo la ventana hacia la noche
el ojo abierto
como el grito.

Puedo pararme frente a la ventana

y ver el mar moviéndose
puedo ver la furia en el mar
el horror en un puñado de agua
puedo ver la calma

tal vez en adelante sea de esta manera
la mirada en el agua que transita la quietud

tal vez no sea necesario
estar tan rodeado de horas en el aire
volviendo atrás

quizás pueda imaginar
frente a esta ventana en el mar
que puedo descansar
soñar que es realmente esta mirada
sobre el aire lo que falta
y que no existe otra forma
en mi ambiguo corazón que las palabras
detenidas en la frente
                                        ante mí
tal vez me calme

tal vez la memoria no abra la boca
y no suenen más los nombres
tal vez mis muertos descansen en paz
en esta tarde de mar que me imagino
mientras entra la noche
                                        y cubre la mirada.

Apenas deja la ventana

filtrar algo de la noche

apenas las voces en el aire

sólo un zumbido en el fondo,
el rumor de las hojas,
la curiosidad de los pájaros
                                        mirándome.

Tal vez tenga que salir de la ventana

romper la protección
y ver esos rostros oscuros en la sombra
dividir más y fragmentarme
en cada lugar de mí
en este país que me brinda el aire

dónde irán mis ojos
                    me indago

Son sólo tumultos en la tarde
donde los otros no importan
es la imposición de la voz por sobre todo
la muerte del latido

poco importa
voy cubriendo un abanico de rostros
                    [con los ojos

Desconozco a todos:
son las caras de la calle
a través del vidrio de la casa

van como las hojas de esa muerte sin asirse
no hay polvo   yo supongo
y no tengo fuerza de abrazar
                    [o de cuidar o de sembrar
mi voz en esos nombres

salgo a la ciudad sin el tumulto
voy con lentitud
y miro la ventana desde afuera:

se ve vacía la casa sin mi sombra
[al lado del umbral:
no hay paredes desde aquí

la mirada gira con la esquina
y el cuerpo me lleva a intemperie
voy desnudo
y la huella titubea
no se calma
el miedo hace presencia
miedo a la mirada de los otros
un miedo corrosivo y quieto
que marca el desasosiego
la
desesperanza

sigo hasta perderme
me mezclo al tumulto con las voces
pienso que grito
pienso que la voz se multiplica
que soy parte de un cuerpo general
que no estoy solo

ya no busco la luz que rompe la ventana
va quedando lejos
voy muriendo lejos de la casa
sembrado entre los hombres de ojos oscuros
entre mujeres pasadas
ajeno al país que me da el aire
sabiéndome quieto
mientras la noche duerme
las calles y los nombres.

La casa

La casa

1
He vuelto a la casa.
las paredes a mis manos,
el tacto áspero
y los fantasmas que despiertan al ruido de
los pasos

Las puertas me han contemplado
la casa vuelve conmigo
y yo vuelvo agotado de ausentarme.

¿Hacia qué lado caeré?
Una tierra desmedida me protege,
estoy en el lugar exacto de los espejos
propios:
me inclinaré al cansancio o al insomnio.

2
Se ha abierto la puerta de la entrada,
estoy en esta casa a la intemperie,
sólo hay viento en los cuadros desnudos,
toros o jinetes,
el calor de los amigos en los muros blancos,
su frío,
            las distancias,
                                    los ausentes.

Se pasean intactas las miradas por la sala,
presos los ojos de los clavos
los cuadros pasean por los ojos,
enmarcados los amigos,

sus miradas al calor de los alcoholes
las alfombras, las cenizas
flotando en el humo del tabaco
esperando al amor que llega tarde.

3
Miro los sillones de reojo:
miro la erosión que van guardando las
ventanas,
los retratos que nunca retraté
[pero que allí permanecen
ante la mirada volátil del silencio,
plegados, anudados a mis ojos, los ausentes.

Miro la pequeña y vieja mesa
[que me regaló mi padre:
-ya no es tan firme el roble de sus patas,
después de los años, como el padre-

miro
de detener el tiempo,
encerrado a oscuras,
envuelto en la piel de las paredes
mi casa que crece y suma edades.

4
En la casa los años no pasan, van quedando

guardan los pasos de los que ya murieron,
las sombras de todos los días

Todos los días los muertos me saludan,
[los saludo.

Van por el pasillo
aprobando libros y murallas,
jugando con los niños sin ser descubiertos
en el juego solitario de estar muertos.

Todos los días los despido
todos los días me recorren la cara,

resucitan,
se despliegan como gatos y me nombran
me escoltan,
                    los escolto.

5
Apago las luces y adivino:
la casa me conoce de memoria,
estoy tatuado en los pisos
por donde camino intacto.

6
Me siento y miro alrededor
los ojos como el faro que guía

Soy los vasos en la mesa,
los platos puestos cada noche, el comensal
que falta,
el fuego de los hornos, la sed que llega.

Reino,
el agua callada
                    va oliendo
                                        a la tierra que
bebemos.

Hay rocío en la madera de la mesa
los labios húmedos del vino que vuela;
nos alimentamos todos de este pan,
esta rama de trigo que crece en los ojos.

Los miro a mi alrededor en las sillas
los hijos al frente   el amor al lado
sentada como un pájaro.

7

Pones las manos en el pecho
crecen gorriones como flores donde llegan
los dedos
acaricias las sábanas que cubren mi nombre,
detentas las sombras de mi cuerpo.

Todo te lo llevas con la boca
me quedo vacío en la cama limpia,
sólo soy el aire que dejó la piel,
y tú eres la mano que tiembla sobre el sexo,
eres el sexo – el tuyo, el mío – que estalla
como agua contenida, represados los dos
con la mitad de nosotros por delante,
la otra mitad que se duplica

Pones mis manos en tu pecho
mientras cantas en silencio.

Imagino que cantas
porque los ojos se mueven
vienen, se retiran con el sexo volando.

Mi mano recorre lo que entregas
este cuarto toma los trazos de la noche
mientras mi mano
[dibuja un cuerpo en tu
cuerpo
desnudo como está
hasta tener dos veces tu forma:
la tuya y la que nace de tocarte.

Me imagino que me cantas porque duermo
y la palabra se desnuda como tú
va perdiendo voz,
se va golpeando
se retira.

8

He mudado mi casa tantas veces,
habitaciones atestadas de ropas,
libros, sillas, las palabras húmedas,
las paredes temblando

He navegado con mi casa a cuestas
países,
con todos mis cajones,
rompiendo el cielo
me he llevado conmigo los vidrios,
la dulzura de los muros,
los horarios,
he volado con las puertas a cuestas,
despidiéndome.

Me ha ocurrido encontrarme

abriendo los jardines del sur en el norte
pasando de un invierno a algún verano
un puñado de tierra
                    las cajas, las memorias.

De sol en sol me he llevado los techos
las palabras para volver de las sombras
las palabras de amor y las de lluvia.

He cambiado mi tierra
y el árbol de la tarde

Me he ido tantas veces
                         y las paredes conmigo.

9

Cuánto hay detrás de mí, que no soy yo,
o que soy antes de estar en este sitio.
Cuántos seres me fueron haciendo,
dónde tantos nombres construyeron el mío.

Miro atentamente los rincones.
Allí se juntan los fantasmas,
las blancas caras sin los ojos,
los blancos dientes, los pañuelos blancos
las caras de los viejos abuelos
reunidas en el pulso de la casa,
arrastrados por la casa
sin viaje de regreso,
con los pies cruzados
mirando con el ojo silencioso de los muertos
cada paso arrastrado en los pasillos,

en las noches de sed,
escondidos los ojos en el recuerdo,
el que cabalga en el aire de la casa:
el rostro que se sube a la memoria,
                                                  [no a la mía,
a la memoria de los otros, todos los otros
en los años que no recuerdo,
los lejanos,
los que pusieron las primeras piedras,
las primeras sombras de estos muros
que ahora pesan tanto.

10
Las voces de mi casa
tienen sombras pequeñas,
luces libres que penden de las bibliotecas.

Son el mar de esta arena que soy
la torsión de mí,
el viento que se escapa de mi mano.
Son los que heredan mis años
los que comienzan mi día cada día,
son mis avenidas
                                        el techo de tejas
la espalda de la calle,
el cielo al que iré cuando no esté
si me recuerdan
cuando empiecen a volar,
son los pájaros que hicimos un día.

11

Hay en las columnas un humo que no calma,
paso cerca, yo lo sé, esquivo.

Cruzo a tientas
a solas con la tarde,
y sin quererlo busco ese regazo,
me mezo,
mi cabeza se apoya levemente en el vacío
y tengo miedo:

es la mano fría, la mano del reposo
donde caeré tal vez, sembrado,
raíz nueva de algún árbol,
la semilla, el viento del final,
el mar al que llegamos.

Hay un pasillo en este sitio que no tiene
puertas
parece todo incoloro
el tiempo ya se calma,
va cayendo
es un agua apenas,
un pequeño soplo en el aire,
todo es vago, quieto,
el último cuarto de esta casa,
el aire que cesa, el miedo.

Es la puerta que cierra la boca.

El amor

Tú te vistes afanosamente

acomodas el cuerpo entre faldas y camisas
cambias los colores
te ruborizas sin la vergüenza
previa a la caricia

Es a causa del beso
que fracasan las telas que te cubren
todo se desteje
la piel toma el color de la noche en este
cuarto
mientras la boca recorre,
esculpe el cuerpo por fin despierto
tú te cubres y mi mano descubre
expone tu piel a la mirada mía
deshoja cada flor que te reúne

Marchito vestiduras
desprendo botones cual semillas
soy como el otoño
retorno tu desnudez con insistencia
y hago caer tus hojas tejidas.

Es el camino de los ojos

la línea que dista de dos puntos
la más lejana manera de mirarte
es la que une los puntos confusos del cuerpo
–de tu cuello a la cintura–
a la mirada que se curva en ti
que te penetra

es el camino de los ojos
la avenida de varias direcciones
de la pupila al aire
al vientre en la tarde
expuesto al iris y a la mano
en esa carrera de llegarte antes
los ojos que acarician
                    los dedos que te miran

En mí andas desnuda
guiándome hasta el sur en la cintura
perdido en el camino de mis ojos
tratando de recordar de dónde vengo
porque en ti yo pierdo la memoria

Es el camino que me ata a tus ojos
por el que transcurro la mirada
boca abajo hasta tu beso.

¿Y qué es el sexo?

¿Dos piernas como dos árboles sin raíz?

¿Saliva muda
de boca en boca sin palabras
como un barco de puerto en puerto?

¿La elevación del pecho?
¿El volcán
levantándose en la noche?
¿La muerte de mi tristeza? ¿Su nacer?
¿La urgencia de ir y de venir?

¿Tu silencio final
                    mi silencio
                                        la pared?

¿El dormirme yo
mientras el amor entra en insomnio
sobre tu mano quieta?

Yo sin tu piel estoy vacío

incontenido
soy un agua sin vidrio
dispersa
abierta

sin tu piel estoy herido hacia dentro
sin dolor
sin objetivo
estoy inerme sin tu piel
me pierdo

camino por el tiempo que espero
sin el rumbo que da tu boca

Soy sólo la mitad
media tristeza
medio cuerpo

sin tu piel estoy desnudo
expuesto
tengo frío
estoy apenas medio vivo.

¿Qué palabra tengo

para ti,

amor,

que aún no haya huido?

Dímelo tú

que estás en este cielo
tú que abarcas horizontes
la mirada lejos

dime que los ojos te contienen en el aire
que no hay derrumbes
y sales en los días a cuidarnos

dime que estarás siempre en las mañanas
que podré rozar con los ojos
las curvas dormidas del cuerpo
que seguirás despejando oscuridad
cuando abres las puertas del día
                                                  cada vez
y sales al país y nos proteges
nos mantienes en la calma de la casa
nos adviertes con certezas
nos fecundas de aire y de regresos

dinos a nosotros
que somos ya la piel de tu mano
que aun yaces al borde nuestro
y cada vez que levantas el semblante
permanecemos en el cerco protector
                                                    [de la mirada
en esta casa nuestra
mirando el celaje que adorna el aire

dime que eres fuerte como el vientre
el patio
              la tierra que sembramos

las piedras que florecen cada día
que eres el beso
el árbol que trae la madera
donde trepamos tan seguros
a mojarnos de la lluvia
                                        el agua fresca

Dime que podemos lanzarnos al mundo
                                                de tu mano.

En la mano tuya

en los pliegues del carácter
del puño

en la caricia del límite en la yema de los dedos
como si tocases mis aproximaciones
mis estremecimientos

en el temblor de tu pulso o de tu paso
entre las mesas que dibujan tu cuerpo

en el pulso del corazón irregular
tantos años golpeando tenazmente

tan quieto en la palma tuya
[que protege mi jornada

en tu mano
que descansa sobre el cuerpo
descuidada
abierta
mientras me muerdo por no abrir los ojos
y darme cuenta que se me acaba el tiempo

en la mano donde ya ha terminado la noche
y tengo que quedarme o irme
o girar el cuerpo sobre el tuyo
y entrar

en la presión de los dedos tuyos en mi cuerpo
que provoca llorar

justo cuando la boca busca el sexo
y todo se olvida o desvanece

en el vértigo
porque el abrazo explota e inunda
[y la mano recorre

algún lugar
de prisa
y se aferra a un cuerpo que duele
en tu mano

o la mía en los canales del cuerpo
en los pliegues
adentro
en la caricia brutal de la desesperación

tapando todo el sexo
protegiendo del insomnio o del miedo
o de la noche
o del olor de este cuarto
cerrado

en la mano tuya
un instante más
un poco más
sobre el ahondado de la sábana

en esta piel en el cansancio

todo húmedo o tibio
al final de la noche
cuando debo dejarte y salirme
como si me amputase de ti
me vaciase de ti

desplegado
                en varias formas
                en varios giros
hasta salirme
                de esta mano tuya
que me permite seguir.

... las líneas de la vida,
que subieron desde las caderas
se despiertan en la palma de tu mano....

Paul Celan

Sólo la quietud fuera del aire

la ciudad que se mueve esta mañana
– en el aire, en las líneas de tus manos –

Sólo la huella y la sombra de las piedras
la memoria que pregunta por ti

a través de mí como el vidrio que no deja
ver el cielo   que no está
que no tiene tallo
                    que no asciende

tanto tiempo antes

las sombras de tus líneas
tus manos   tus manos
que desprendo de mí como dolor

        izquierdo
mío
para la soledad del día.

a Inés González

Había un lago de agua turbia alrededor

con la mirada impúdica
sobre nuestras caras jóvenes
había uno que otro pequeño bote
que nos daba la espalda
mientras otros besos remaban el agua.

Tenía la piel marrón
era pequeña a la distancia
y sus ojos como la tierra
para mí todo era misterio
el beso quemando el aire alrededor
filosa la boca húmeda
cortándome la vida en dos.

A Rosa M. Díaz

Qué marca tu beso,

qué antiguo minuto estoy trayendo
como si remolcase jardines,
qué relojes esperábamos entonces
sentados en los bancos de cemento:
sólo calentaba la mano en tu pecho
sólo quemaba mi mano en tu pecho
sólo miraba las horas en tus pechos
cada segundo un beso
cada minuto un beso
un solo beso en los horarios
un labio atado al astro que miraba
(nos miraba la noche, su ojo blanco)

crecíamos con los jardines,
errábamos con las manos
[sin norte por el cuerpo,
hundíamos las manos, naufragábamos
padecíamos de un dolor glorioso
como pájaros
dueños del aire entre los labios
respirábamos por turno,
ahogábamos la noche que miraba, los relojes
que volaban por ahí...

A Graciela Ovejero

La última vez que te vi

tus ojos se fueron con un tren
los míos con ellos y mi cuerpo quieto

Los rieles se juntaban al fondo
justo allí donde estabas
me quedó la boca húmeda de tu boca
y un cuerpo que palpitaba como un corazón
la última vez que te vi

Pasaron meses mis ojos en los trenes
buscando los tuyos que viajaban
de estación a estación como los pájaros
miraba andenes
                    el beso
cuando te ibas como un tren viajando al
norte

Pasaron meses mis manos extendidas
escribiendo silencio
corrigiendo la tarde en que te deje ir
y no me fui
atado al rocío de la boca
atado
          fusilado a tu mirada en mi corazón
y no dormí más en paz.

Pasaron meses y tu nombre
                              [apretando mis cejas

en los techos que miraba con insomnio
y yo de mudanzas cambiaba amor y
vecindarios

No te quedaste, pensaba, pero sonreías
y no pude verte más en tantos años
me expulsé buscando cobijos
quieto me fui
a temblar al trópico
a tiritar con mis vacíos y mis muertos
a fundirme en el mar

No pude verte más
ni el incendio de los ojos alrededor de ti

Mi cuerpo no te tocó
no te navegó la piel
no sembró nombres en tu orilla
sólo el beso tenso en los andenes
detenido por los años de los años
sin permisos claros, sin inviernos
en el rincón oscuro de mis pasos
con un temblor de muros altísimos
que fui construyendo, lejos de mí
para sobrevivir.

Los trenes tienen altas las ventanas
cuando se van los ojos quedan
[expuestos al cielo
la tarde incomprensible se hace
[de pájaros y va
nos deja libres
nos calla el temblor

nos hace hojas
noche con la mirada envuelta en la
serenidad,
la vida atrás
el sueño oscuro.

cuando el tren te llevó
galopaba
quedé furioso de no besarte la columna
que se hundía en tu espalda
furioso de no sembrarte luces en el pecho
sembrarte flores
cultivarte

tu rostro fue como la ventana de ese tren:
dejaste el cielo desnudo
con la noche viniendo de tarde
mientras el horizonte abría una grieta
donde se me perdieron los ojos
donde zozobraron
donde ya no pude correr ni retornarte.

De los míos

A mamá

Si pudiese acariciarte

tocarte los dedos
rodearte los huesos tuyos
si pudiese hablar tantos años de silencio
y peinar tus cabellos aunque caigan
si pudiese abrazar la calavera
[que contuvo tu corazón

yo si pudiese llevarte a los andenes
para que el tren te traiga una vez y otra
Si pudiese desvivirme hasta el momento
en que estabas
y comenzar allí a aconsejarte
que no te mueras más
que no hay permisos
que me dejaste tan solo de ti

si pudiese no llorar más
tantos años tratando de calmarme
a pequeños espacios cada hora

tanto extraño
no poder compartirte y mostrarte
ni siquiera cenizas tuyas
algún polvito que sea de ti para mí
para nosotros
para llevarlos al río de la plata
y bañarlos

diluirlos
darlos al viento que nos moja el vacío

si pudiese mostrarte a mis hijos
que no se te parecen
pero tienen algo que te pertenece los nietos
tuyos que no se si verás desde algún lado
del polvo que comes
que no tengo

si pudiese mostrarme tan amado que soy
si la miras a ella que me abraza
si la tocas acaricias las manos
como si fueses parte de esta vida
si pudieses verla
si ella pudiese verte
tus cenizas
tus ojos
tus huesos tan hermosos
seguramente

tanto te estoy extrañando
necesito del consejo
tantos

dejaste de enseñarme a caminar
a respirar lo que quema
a no tenerte

no aprendí a vivir sin tu vida
ni a morir sin tu vida en paz
no me enseñaste y necesito saber
cada lección cada capítulo de tenerte

de escucharte a mi lado diciéndome

tanto te necesito
ni siquiera sé morir sin ti.

A mi padre

1

Ven
detén las cenizas en el aire y hablemos
yo tengo tu fotografía frente a mi memoria
los ojos del papel esperando que el silencio
deslice tu voz
                    invoque nombres
porque no sé dónde estás
si es que algo de tu muerte sobrevive
porque no hay cicatrices en la tierra
                                        [que te cubran
fuiste al aire y no fue mi mano
la que dejó caer tu cara de cenizas en el agua

sólo puedo buscarte en mí
en los confusos fragmentos que guardo
dentro
tratando de unir alrededor
                                [los rostros que me distes
las llagas
        las ausencias
                    los abrazos de la torpeza

2

ven, hablemos,
ayúdame a entender cómo llegué hasta aquí
contigo y sin ti alternativamente
fui una pequeña ciudad en construcción
de grandes ventanas ancladas

al mar verde de las montañas
de escaleras difíciles para el esfuerzo niño
en el peldaño
                    más
                         de las edades

tal vez no te dejé envejecer
-tanta exigencia de manos- y como yo
huiste de tus propias ciudades

algo alrededor se te rompió con violencia
y en el golpe final de la caída
entre las pocas cosas intactas
debo haber quedado
                              de costado
esperando la gran mano de árbol admirable
la luz que quedó sin ti
deshabitada

yo soy lo que me diste -o comencé siéndolo-
fui inteligente
cleptómano
culpable de tu ausencia
                                tan lejos
a merced de las sombras
y mi cabeza de vidrios
                               de reflejos furtivos
tan cubierto el cuerpo de mantas y de polvo
mucha arena imaginada en tu figura
en las orillas del trópico
como un muro
conteniendo
el oleaje ambiguo del amor o de la rabia

qué espesa tu figura de hombre creador
al pie de mis recuerdos
en las estaciones de trenes
[que se iban contigo
qué grabada tengo aún la sonrisa amplia
que no se llevó la muerte

3

ven
escucha
de los subsuelos fuimos despertando
algo se movió
aventuramos encuentros
como páginas en blanco nos llenamos de mares
lo intentamos

Me acerqué desesperado
la muerte rondaba por los cuartos
madre se había ido de mí
intraducibles la soledad y las sombras
[en mi cara
nos separaron tantas veces de una vez
y yo me quedé
a la intemperie
era difícil
tanto mar
árboles volando sin pájaros
estábamos solos tú y yo en este encuentro

a veces éramos tú y yo
[sobre el yodo de las playas

apretando las huellas devorándote yo
con lo que quedaba de niño
tratando tú de mirar este cuerpo
                    [ya crecido en el mundo
ancha la espalda del aire que tragaba la boca

a veces era sólo yo el que miraba
admiraba las monumentales palabras
– tengo un padre – pensaba
y eximía cualquier dolor
la distancia se hacía mínima

a veces eras sólo tú desde
                    [las ocupaciones del día
intentabas cubrir el frío
                    [que marcaba mi cuerpo
pero la mirada era inapelable
no alcanzaba
bullía yo y se enfriaban los ojos.

4
ven, sentémonos,
la tarde es tarde aún y no han caído los
pájaros
hay tiempo
la muerte es una criatura paciente
da lugares
                el resto es silencio.

hablemos.

¿cuándo dejaste de ser de mi memoria?
¿eres menos ausente ahora?

¿cómo morí yo cuando moriste?
¿me perdonaré yo la muerte tuya
[y las ausencias?
¿me perdonarás tú tu muerte?

miremos juntos el río donde irán
[tus huesos limpios
no pude hacerlo antes
me agrietó la soledad

hablemos.

faltaron algunos viajes para alejarnos juntos
lo que jamás pudimos acercarnos
faltaron las ciudades para construirnos
[la memoria
para llenar esas páginas en blanco
ese papel desnudo

faltan unos viajes, me decías
remoto, imbuido de música en tu cuarto
muerto
y de tu voz salía viento de reverso
insoluble la palabra pidiéndote tiempo,
las palabras rotas
sombras de un deseo
de darme aquellos viajes
–de la mano del hijo, querías–
ya sin tiempo para el aire en la ventana:
nada de nubes
nada de pájaros viajeros
nada de dioses en los cielos.

5

ven,
estoy solo frente a ti en mis ojos,
apenas queda esta frontera del latido
con un golpe apurado
                                        [que implora que no duerma
y el silencio en tu pecho que imagino
insomne entre los muertos.

ven
déjame recobrarte
amar las huellas de las que no regresarás

ya puedo caminar en la noche
                                                        tengo reinos,
puedo descifrar mi nombre
puedo abrir las puertas de los párpados
                                                            [y mostrarme

ya puedo irme
olvidar lo que me pesa al recordarte
y borrar la esperanza de tenerte
abrir este muro que separa mis años
abrir esas ventanas y respirar
el aire de este impenetrable duelo.

Alrededor

A mi prima, que se suicidó volando

Se fue volando
con sus alas rubias
balcón abajo
los diez pisos de la desesperación

del primero al otro el viento pasaba
sacando lágrimas hacia atrás
de soledad a tristeza ya
sin los recuerdos

en los últimos sólo calma
el cuerpo tan liviano que volaba
cuánto descanso al final
en este mundo al revés
donde el cielo está en el suelo
con tu cuerpo.

Hoy vi frente a mi casa

a esa mujer llorando

apenas parada en la acera
otra mujer le sostenía la mano

Los ojos eran redondos como un dolor
y estaban perdidos
                              nadaban en un agua de años

Me fui y ellas quedaron allí quietas
sólo se movían las lágrimas cayendo al cielo.

Cómo caen las hojas como gente

y se cautivan locamente al suelo
cómo se salen los cerebros
cómo vuelan con el aire
cómo dejan de temblar las manos
cómo se hace de noche todo
                                        pese a todo
a plena luz

en los que caen
                                pienso
en los que se deshojan como pájaros
en los que se suman al aire y se adormecen
en los que se abrazan a la tierra y a la sangre
pienso en las manos que ondean en el aire
en los dibujos sin espacios
soplos apenas
en los ojos que se cierran e insisten
                                                que se cierran
en los que nos quedamos pienso
en la furia de estar más solos
sin poder amarlos.

Me duele la frente

como si se posaran pañuelos
despedidas
telas pesadas
adioses graves
que me penan

todo se complica sobre el ceño
a pleno vuelo se confunden los horarios
traen más noches a la boca
y apenas amanece

me punza la frente de recuerdos
se me anudan en la piel de los ojos
en una red que pesca sombras en el aire
con la torpeza que tienen si se mueven
me dan dolor de bruces en los nombres
sobre rostros que amé y que se fueron
sobre la muerte y su cortejo de miradas,
sobre los libros viejos
los asombros

Me duele
late
en cada pulso me sublevo a la vigilia
quiero dormir
hundir el rostro desnudo
en el mar de las manos
y respirar tranquilamente
la mirada.

A los amigos

Este baldío,

este territorio de nadie
este mar contra la dicha
                el abandono de los ecos
los ojos como furias en el vaivén de la memoria
este terreno golpeado por la incuria
donde el árbol no crece
                no susurra
sin límites de sombras en la noche
                sin dioses

esta tachadura
la evidencia del hambre
la carga del muro frente a mí

es una bocanada de sombras
los amigos matados a distancia
el remoto control de la apatía que cabalga los nombres
los amigos
        también en el terreno infecundo
más piedras a ciegas contra la noche
arrasados por las ambiciones
                las tristezas
los adictos a la voz

mis amigos
los guijarros flotando en el agua

cómo hago con la voz
tan solo en este pacto de distancias
donde se muere previamente
donde va y viene todo según ecos
de las caras que recuerdo
tan alto el aire que trepa en la tierra de los míos

para verlos
donde moran
para sentirse vivos

tanta distancia que gira el mundo
y el terreno tan vacío ya
tan devastado
donde están los nombres suspendidos
ahorcados por la espalda a un clavo
como cuadros

Sólo extrañarlos
como los barcos que penden del mar
hasta el ocaso
hacia los puertos
en la jugada de mirar sin ver
en la distancia
este baldío
este territorio de nadie.

Al ojo de Luis Brito,
que ve muñecas

Las muñecas besan de trapo

tan triste algodón en los ojos

las muñecas
Reverón
te amaron
y se quedaron ahítas con tu muerte
esperándote

yo las vi hoy
sin sangre en las costuras
que las atan a ti
como hilos de Dios
los pechos apretados
la estopa que espera tu mano

Ven ahora
Reverón,
están arrumadas como títeres en un cajón
aguardando tus manos
las muñecas
su sexo de trapo.

Sobre cada tañido de campanas

la muerte acuesta sombras
nos hereda
somos el legado
pertenencias
somos cada amigo en el vino
[que alcanza el alba
somos huellas sin vigilia
los sueños de las cosas que suceden
somos el poema
el habla

Sobre el país cae la noche
tantos rostros de oscuras sensaciones
[salen a la lluvia
los gestos del cuerpo general
el grito
la desesperanza.

Me afirmo al umbral de un espejo
que me refleja ciego
sin caída
mientras veo una vez y otra
esta imagen de la sombra que espera
que levante el cadáver y respire y salga
a agitar los muros como si fuesen palabras

me pregunto qué sucede
por qué tan solo en la caída
mientras se desgarran
[los amigos en las calles
las gargantas

y subsiste esta fisura en el silencio mío
acopiando lo heredable para que algo quede
algo más que silencio
para enorgullecerme.

He llegado al retorno

al resguardo del regreso
de la muerte de no perdurar

sin embargo me dejé en este lugar
están las mesas o las plazas
las fuentes borboteando agua vacía
está el sexo minucioso
el sueño de ser amado en los rincones
posibles
está la muerte junto al muro del agua
están los territorios
las infancias

vuelvo a reconocer
a no morir más
                    siempre más
sin perplejidades
                    sin sorpresas
sabiendo otra vez
que me dejaré abandonado en la ciudad
cuando retorne.

La mudanza

Hablo poco de ti,

pero vendrás
con las oscuras ganas de abrazarme,
con la piel del aire
                    con la bruma

me buscarás y yo iré
y seré lento
intentaré olvidarte
escapar al beso
a tu mano exánime
a la boca traslúcida

envuelta de distancia
vendrás a recordarme
los labios sin rozar
                    los días baldíos

me harás arrepentir
tanta imprecisión del alma
pondrás el sudario cara adentro
sabiéndome final y solo

pero no hablaré de ti
tan hambrienta que serás
cuando te llegue el tiempo
de morirme
que no te diré nada
y tal vez siga
               sin los ojos.

Escribo

la palabra
hace equilibro inestable en la garganta
y siempre cae
ronda por el cuerpo haciendo heridas
pequeñas cortaduras en el alma
cuando intento decir lo inadquirible

es un juego en el que tiemblo
como una hoja en la caída
inacabable la palabra
                                        sin memoria
suena en mí como pandero
cada ritmo que se muere
la voz como ceniza
cada corazón mío que lo intenta
con la violencia de lo inevitable

suena y yo tapo los oídos
aprieto con más fuerzas
        hasta confundir el cansancio o el poema.

La jaula se ha vuelto pájaro
y se ha volado
Alejandra Pizarnik

Tanto silencio aquí

trae los ecos
las palabras
llegan de manera confusa
representan ciertas lluvias
cierta humedad que se me escapa
otras tienen la osadía de la noche
y no las veo
van estrelladas como hombres
se hacen pájaros
                                        se enjaulan

tanto silencio aquí me desmorona,
callados como estaban mis huesos
ahora escucho los escándalos

todo viene a mí

(escucho los puntuales campanarios
colarse en el descuido del silencio)

las palabras como jaulas volando
en el centro de mí con su pájaro dentro

            quieto
palabras para la niebla que se evade si miro
palabras para el silencio
                                    [de esta casa de grietas

para mis viejas mujeres
para mi piel que no cesa

tan callado aquí y yo con el bullicio
que llamo y no contesta
tanto silencio
tan final el día que comienza
que temo anochecer temprano
abrigado de voces dentro
del frío en el aire que galopa

en esta vejez que me equivoca
                                        los años.

¿qué me da, que ni vivo
ni muero?
César Vallejo

De pie,

de cuerpo abierto
entero
calado por los dedos del aire
desnudo
en el mundo ocupando espacio
haciendo sonar el eco de este lápiz negro

Siento que cabalgo sin bríos
el cuerpo en pie de retirada
siento que vuelvo
que hay error

de pie sobre el agua
como un santo baldío que adora orillas viejas
piedras quedas
guijarritos venerados
en la mañana fría

de pie
columna
con este arma frágil en la mano
inofensiva pólvora negra que sale de los
dedos
al tambor del papel que toca el alma

¿qué música haré yo?

¿cómo sonarán huesitos de mis pies
cansados de otear el viento
de oír la música que saco de los ojos
callado?

Estoy aquí
                    de pie
                                        ni vivo ni muerto.

He llegado

estoy solo en el acto de abrir esta la puerta
vacío como el lobo al final
                    [de la noche sin la voz,
preso del cielo
en esta encrucijada que lleva a la fuga

Estoy cansado
llegar es inabordable
Cada vez que piso la línea del final me
paralizo
una a una las huellas van cayendo
hay en el aire un dolor de bienvenida.

Algo me dice que debo comenzar
salir de los naufragios
                        abrir ventanas
a cada una de mis noches
                    [sin que importe mucho
cuál es el reverso de este miedo.

Me invade el temor

hay miedo
miedo al aire en la boca
a la lenta muerte entre los dedos
arena negra que se lleva el alma
como la noche pertinaz a lo largo del día

Me invade un llanto que no sale
apretado en el pecho
metálico
de vértices heridos
al filo de mis ojos que miran tanto

Me callo
como si el silencio calmase
como si alejase esta sangre umbría
y el pulso cayese más despacio

Me silencio todo
en esta guerra mía sin encuentros
solo en las batallas
escudado de la tristeza propia
de las armas del aire frente a mí
y tengo miedo
de ambos lados tengo miedo
de vencer o ser vencido
de gritar o callar tengo miedo
como si nada supiese al final
una vez terminada la muerte.

Estoy en este lugar

que no termina de llegar:
mirando huellas próximas
como si mirase la muerte

camino a ciegas entre los nombres
dueño de huesos compactos sin embargo
en la solidez sin puertas de mis pasos
uno a uno por el reverso de la tarde
donde todo animal se muerde a sí mismo
y no hay dolor ni fantasmas ni caída

estoy cansado,
                                        pierdo el vértigo
en esta tiniebla
no puedo ver cuánto separa
la tierra de los árboles
con los pájaros sembrados e inmóviles,
no puedo ver los jardines ni el aljibe inútil
no puedo verme

Estoy cansado
he llegado aquí
sin mar
            sin sol
                        sin la luz del faro.

Una línea apenas

una flaca línea que mece
la ebriedad del silencio
el mareo
                    el sol que entibia la palabra

cómo podré mirar
el trazo que ara el aire
para sembrar
                              silencios más callados...

A oscuras

no salen las cosas de mis ojos
no se acomodan en los sitios de siempre
las cosas
            las voces
como un grito el papel que precipita
                                    o que perfora
las señales que se caen solas
                                    y redundan
como agua o alud los poemas

como sombras

Son silencio apenas
                              las palabras.

Parto de un sitio

desde donde nadie ha salido
busco lo que ya conozco

– qué más podría –

voy a un espacio de silencio
merodeo los escombros
me quedo solo
                    ubicuo
como los espejos

qué hago yo con cada parte de mí

aquí hay tiempo y no lo tengo
hay voces que me callan
huellas
          a jirones
en la lentitud de este lugar
en el que nadie contesta

Qué hago yo
con esta sombra que cuelga al cuello
tanta bruma en la forma
                              tanto frío

trato de acomodarme
al cobijo de estas piedras lisas
me mareo
un dolor del cuerpo me cierra las manos

Parto a un sitio

donde nadie ha llegado
busco lo que no conozco

– qué más podría –

Tanto silencio sin pasar los días

detenido
            represado
cuánto ruido irregular
mientras se hace humo
                                    el aire que respiro

Es un juego que me hace la memoria

retroceder mientras camino sin saber
si nazco o sigo.

Qué fragilidad

dado lo oscuro de la tarde
lo denso de las zanjas

qué de polvo débil
el tiempo que uso para mirar el resto
cuando queda tiempo a medianoche

que porfía la de dios en no pertenecerme
(tal vez pueda venderle mi alma
y darme paz
                    y dársela)

y yo que intento sobrevivir
esquivando los pañuelos al aire
                                        los abrazos
esta piel cubierta de llegadas
el cuerpo que arriba o que nunca se ha ido

dónde estamos
en que vuelo llego al aire del país
a los hermanos
dónde leva el ancla
esta tristeza que no entiendo

qué fragilidad la duda
nada vuelve
nada templa la memoria
contra el propio pecho
ningún grueso río me trae el beso de la
madre
la avidez del sueño o de la calma.

Me dice el humo

que he pasado

arabescos del aire
me delatan

mi cuerpo estuvo aquí
sin dudas

y no ha quedado
nada.

Es la mudanza que esconden las palabras

el árbol que ha caído y derrama la semilla
sobre el agua incontenible del final

es la duda que no duerme
la luz que se marchita con los brazos
y se dobla como párpados
es la campana cansada del llamado

ya no hay tinta que escuchar en estos muros

disperso mi espalda en las paredes
mientras el ruido tenaz golpea las torres

hay un temblor de luz que me descubre vivo
en la mitad justa de mis años
un temblor de velas en el aire
y el olor de la luz que enciende sombras.

INDICE

www.ingramcontent.com/pod-product-compliance
Lightning Source LLC
LaVergne TN
LVHW041123150826
845673LV00007B/2162

* 9 7 8 9 8 7 4 8 6 6 3 8 7 *